週末編み物計画
林ことみ

筑摩書房

もくじ

はしがき …………………………………… 5

              作品（編み方）

簡単編み込みのリストウォーマー ………… 6 (50)
ビーズ編みのリストウォーマー …………… 7 (51)
 ・リストウォーマーのこと ……………… 8
ドミノ編みいろいろ ………………………… 10 (52)
ドミノ編みのティーマット ………………… 12 (53)
棒針ビーズ編みのパース …………………… 14 (54)
棒針ビーズ編みのミニポーチ ……………… 15 (56)
編み物ポンポンのポットマット …………… 16 (58)
コットンレースの小さなカーテン ………… 18 (59)
レーステープいろいろ ……………………… 20 (60)
靴ひも ………………………………………… 22 (61)
手で編むひも ………………………………… 24 (62)
 ・ひものこと ……………………………… 25
編み地のタオルとクロス …………………… 26 (64)
 ・ウォッシュ＆フェルティングのこと …… 28
フェルティングマフラー …………………… 30 (66)
フェルティングバッグ ……………………… 31 (67)

ペットボトルカバー ………………………	32	(68)
ポケットティッシュケース ………………	33	(69)
ポンポンテープのバスケット ……………	34	(70)
ポンポンテープのラリエット ……………	35	(71)
・ポンポンテープのこと ………………	36	
モヘアの七宝編みストール ………………	38	(72)
コットンの七宝編みストール ……………	39	(72)
・最新素材プラーンのこと ……………	40	
プラーンの野菜かご ………………………	42	(74)
プラーンのエコバッグ ……………………	43	(75)
・グラニースクエアのこと ……………	44	
グラニースクエアのブランケット ………	46	(76)
グラニースクエアのネックウォーマー …	48	(76)

作り始める前に、作り目のこと ……………… 49
初めての人のための編み物の基礎 …………… 77

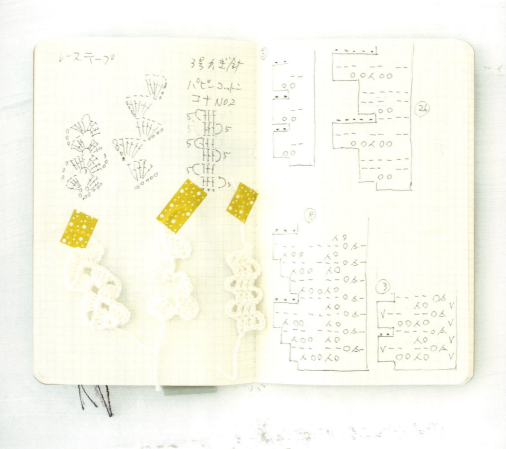

はしがき

毎日の暮らしに必要なものはほとんど買うことができますが、自分の気に入った色づかいやサイズとなると必ずしも納得がいくものを見つけにくい場合もあります。そこでおすすめしたいのが手作りです。好きな色、サイズ、欲しい形にするには？ などなどと考えながら作るその時間の楽しさ、そしてできあがった時の喜びは一度経験すると、「作る」ということがもう暮らしの一部になってしまいます。これまで手作りを経験した方も、まだの方も「必要だから作る」という観点から手作りを考えてみませんか。忙しい方でものんびり過ごす週末に手を動かせば、それはきっと今までとはまた違う、充実の時間になるのではないでしょうか。本書がそのお手伝いとなれば幸いです。

2015年11月　林ことみ

簡単編み込みのリストウォーマー

ビーズ編みのリストウォーマー

リストウォーマーのこと

細めの縫い針に糸を通して写真のように
2本取りにして糸玉を作って毛糸とつなぎ、
針でビーズを拾って毛糸に寄せていきます。

リストウォーマーの存在を知っ
たのは2001年、ノルウェーでのこと。
ビーズを編み込んで作るワークショップで習っ
たのは、テクニックは簡単なのに見たことも
ない素敵な作品で、驚きました。表編みさ
えできれば誰でも編めるのです。
　編み込み柄は複雑に見えますが毎段
編む糸は1色だけなので編み込みが初めてで
も心配はありません。編む前に色の組み合わせを考
えるのもまた楽しい時間です。
　ビーズ編みの方は難しそうですが、編む前にビーズを毛糸に通せ
ば、あとは編み図に従ってビーズを寄せながら編むだけです。じっ
くり、あわてず編んでいけば、いつの間にか編み上がります。編み
慣れた方なら、表編みだけなのでおしゃべりしながらでも手を動か
せることでしょう。ビーズと毛糸の色合わせは、まず好きな色の毛
糸を買い、その糸を持ってビーズ屋さんに行きます。どの色のビー
ズを合わせると自分の気持ちにぴったりな仕上がりになるかよ〜
く見て選んでください。

ドミノ編みいろいろ

聞き慣れない名前の編み物ですが、
表編みだけで四角いモチーフができて、
編みながらつなぐことができます。

太い糸で編み、洗濯機で洗ってフェルティングをすると質感が変わって、
また楽しい編み地に変化します。

編み方 ▶ 52ページ

作った目数がだんだん減って最後に1目になるまで編んだら
四角いモチーフができあがるというドミノ編み。
デンマークのニットデザイナー、
ヴィヴィアン・ホクスブロさんが日本に紹介したニットで、
1枚編むことも楽しいのですが、何枚も編みつないでいくことで
様々なデザインができてくる点が最大の魅力です。
とはいえ自分がデザインした柄がうまく編みつなげないこともあり、
ちょっと算数的な頭の使い方が必要になり、
これもまた楽しみの一つと考えられます。
ドミノ編みという呼び名はドミノ倒しのように次々につながるから……
と思っていましたが、カードとカードをつなげて置いていく
ドミノカードの遊び方を習って、なるほどと思い当たりました。
平らに編みつなぐだけではなく立体的に編むこともできて、
ドミノ編みの楽しみ方はまだまだ広がりそうです。
興味のある方はぜひ自分なりのドミノ編みを考えてみてください。

ドミノ編みのティーマット

※ 棒針ビーズ編みのパース

十数年前になりますが、ビクトリア時代の手芸を集めた本を見ていたら、ビーズを編み込んだバッグを見つけました。しかも1目にビーズが何個も入っていて、見たこともない作品でした。編み方をよ〜く読むと、目数は変わらないのに1目

❦ 棒針ビーズ編みのミニポーチ

に入れるビーズの数を変えることで形を作っていることがわかりました。ちょっとコツが必要ですが、編み上がったらそのエレガントな編み地に大満足することでしょう。
パースでは素敵な口金でいっそうゴージャス感を出しました。

編み方▶56ページ

編み物ポンポンのポットマット

毛糸を巻いて作るポンポンはおなじみですが、
編んで作るポンポンは毛糸もそれほど必要ではなく、
すぐに可愛いサイズで作れます。
でき上がったら1度洗濯機で洗うと
ちょっとフワフワして可愛さが増します。
今回は色数の豊富なウール刺繍用の糸で
色を使ってみました。アクセサリーにも、鍋敷きにも。
さあ、何を作りましょうか。
わが家ではかごに入れて棚に飾っていますが、
眺めるだけでも楽しいのです。

コットンレースの小さなカーテン

以前ノルウェーのアンティークショップで買ったレーステープは
よく見るとかぎ針編みで、なんて贅沢な！ と驚いたことがあります。
でも機械で作ったレースより素敵なことには間違いありません。
かぎ針編みの本にはときどきレーステープの編み方が載っていますが
たいていの場合、必要な長さの作り目をしてそこに模様を編む方法。
しかし必要な長さを最初から決めて編むのは意外に難しいのです。
そんな理由で私は編んだことがありませんでしたが
エストニアの本で好きな長さに編めるレースを見つけ、
それからはスパイスラックのカーテンにしたり、
カフェカーテンの裾に付けたり、と楽しんでいます。
本書では目隠しカーテンと、
ウエアにさりげなくプラスのアイディアをご紹介しました。

編み方 ▶59ページ

レーステープいろいろ

編み方▶60ページ

※ 靴ひも

10年以上前になりますが、アメリカのニット本を見ていたら
「Ｉコード」の編み方が載っていました。
試してみたのですが、あり得ないような編み方です。
まず使う針は両端がとがった double pointed needle で、
作り目（3〜4目）をし、表編みを編んだら目は右針に移ります。
この目を針の右端に寄せて、そのまままた表編みをするのです。
糸はふつう右端にあるはず、これでは糸は左端にあるので、
この状況で表編みをするということは編み糸が裏に渡るということで、
そんなことってあり得ないでしょ！
てっきり私の英語力不足のせいだと思ったのですが、
どう読んでもそのあり得ない編み方なので、思い切って
「あり得ない編み方」で編んでみたところ、見事にコードができました。
コツはときどき編み地を下にひっぱること。そうすると目が揃うのです。
それ以来、既製品のコードで気に入った色がない時には
編んで作っています。ここでは靴ひもをご提案。
ラメ糸の靴ひもはいかがですか。

編み方 ▶61ページ

手で編むひも

編み方 ▶62ページ

ひもの
こと

　「ひも」というのは身の回りで意外に使い場所のある物です。立派な器は立派な木箱に入っていて、これまた立派な組みひもがかかっています。ここまで立派なひもを編むことは難しそうですが、道具を使わずに編めるひもが結構あります。ミサンガが有名ですが、ここではエストニアの友人に習った編み方をご紹介します。
　麻ひもでもいいし、残り毛糸で編んでもいいし、ちょっと太めの刺繍糸でも素敵なひもができそうです。使い方は手首に巻いたり、髪に結んだり、キーホルダーのホルダーにしたり。私の一番のおすすめはプレゼントの箱に結ぶ使い方です。贈る相手に思いを馳せながら色や太さを考えて編んでみてはいかがでしょう。

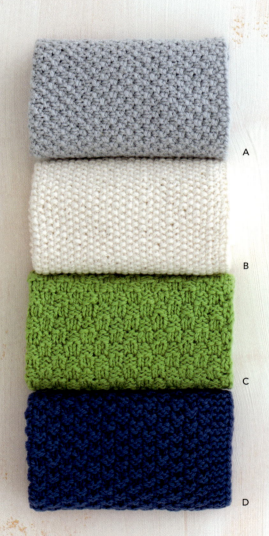

編み地のタオルとクロス

ヴィヴィアンさん（12ページ）のお宅に泊めてもらった時、パンかごの中に生成りのコットンで鹿の子編みのクロスが敷いてありました。自分で編んだの？と聞いたら、お母さんの手作りだと、懐かしそうに話してくれました。何度も水をくぐった様子で彼女が大切に丁寧に使ってきたことがしのばれます。紙や布

ではなく手編みというのが新鮮で、いつか編んでみたいと思っていました。彼女はまた手編みのゲストタオルも編んでいることを聞いて、こちらもいつか……と憧れていましたが、編むのはちょっと退屈かもしれないと思っていました。しかし今回、ハンドタオルサイズで編んでみたら、その楽しいこと！ 手編みタオルのある洗面台、ちょっと自慢です。

編み方 ▶64ページ

ウォッシュ&フェルティングのこと

　原毛をこすって作るフェルトはおなじみですが、ウールの生地や編み地を洗ってフェルト化する方法はまだあまり知られていないようで残念なこと。どうも毛糸のセーターが縮むということはネガティヴな印象が強く、敬遠されている感じです。私は2000年に洗って作る方法を知って、機会があるごとに紹介し、自分でも楽しんできました。作るのはとにかく簡単、なにしろ洗濯機に入れて、〝普通〟の洗剤で〝普通〟に洗うだけで縮まるのですから。

　もう着なくなったウールのセーターを絞り染めのように絞って洗うと不思議なテキスタイルができます。洗う前にウール糸で刺繍をするとにじんだような模様になり、素敵なウール地に変身します。縮まない素材と縮むウールを組み合わせた編み地を作って縮絨(フェルティング)させると、縮まない素材はそのままに、ウールは縮んで、これまた意外な楽しいテキスタイルが生まれます。しっかり縮めると切りっぱなしにしてもほつれませんので、それをテープにして織ったり、編んだりすることもできます。素材を手編みするならば、編む楽しみ、洗った後の楽しみ、と2度楽しいテクニックだと思っています。

　今回は今までなかなかうまくいかなかった、絞りのテクニックをご紹介。ウォッシュ&フェルティングは私にとっては未知の分野なので、まだまだ楽しみたいと思っています。

フェルティングマフラー

❦ フェルティングバッグ

ペットボトルカバー

ポケットティッシュケース

カバーリングというのはしばしば「無用の長物」感があって好きになれませんでしたが、ウール糸でペットボトルカバーを編んでみたところ、冷えたペットボトルの水滴もしみだすことなく、バッグの中に安心して入れておけるという便利さに気づきました。ウールというと保温？と思われがちですが、水を通しにくい性質は見落とされがち。ポケットティッシュケースもじつは眼中になかったのですが、お土産にもらった韓国のヌビ（刺し子）のカバーが素敵だったので使ってみたところ、バッグの中でくしゃくしゃにならず、その便利さに今さらながら気づきました。

※ ポンポンテープのバスケット

好きな色や好きな毛糸のポンポンテープを、かごの口にぐるりと付けます。

❦ ポンポンテープのラリエット

違う毛糸 2 色をポンポンテープにしてもいいのです。
ネックレス代わりのラリエットです。

編み方 ▶71ページ

1 2
3 4

ポンポンテープのこと

5

　2001年のこと、スウェーデンの民族衣装の本に長いポンポンの付いたボンネを見つけました。どうやって作るのだろう？　試験管ブラシと同じ構造かしら？　毛糸をカットして中心を縫うのかしら？と疑問が尽きません。スウェーデンに住んでいる友人に聞いても、たいした道具は使っていないはず、でも作り方は知らないとのこと。気になって仕方がなかったのですが2002年に教えてもらい、それ以来、機会があるたびにご紹介しています。方法を知れば何ということはありませんが、最初に作った人々の知恵には感服します。

　ボール紙のテープに毛糸を巻き付け、少しずつ束ねて必要な長さのテープを作り、ボール紙が付いた状態で付ける場所にとじつけたらいよいよ毛糸をカットします。その時のわくわく感ったらありません！

1. ボール紙に糸を巻いて、3～4回巻くごとにレース糸のくさり編みで束ねる
2. ポンポンテープはレース糸のくさり編みを拾ってとじつけます
3. ハサミで毛糸を切ってポンポンを開きます。わくわくする瞬間です
4. 目打ちなどで毛糸をほぐしたらスチームを当て、ふっくらさせます
5. 丸く仕上がるようにはさみで長さを整えて、でき上がり

37

モヘアの七宝編みストール

❧ コットンの七宝編みストール

七宝編みというちょっと変わったかぎ針編みで秋・冬用と春・夏用のマフラーを編んでみました。夏でも車内や店内でマフラーがほしくなることもしばしばです。そこでネット状の編み地にポツポツとビーズを入れてデザインポイントにしました。冬用はフワフワモヘアでふんわり作ってみました。好きな幅、長さで編んでください。
じつはこの編み地、細編みと、編み糸を長く伸ばす細編みの組み合わせ。
きれいに編むポイントは、この伸ばす長さを揃えることです。

編み方 ▶72ページ

1 2
3 4

40

最新素材プラーンのこと

　スーパーマーケットに限らず、買い物先では必ずと言っていいくらいレジ袋に商品を入れてくれます。スーパーマーケットではエコバッグを使っても、本屋さんや薬屋さんなどでは袋に入れてもらうことにあまり抵抗感がなく、いつの間にかこの手の袋が溜まってしまいがちです。

　10年ほど前に北欧のニット仲間の本を作った際、彼女がこのレジ袋をテープ状にカットして、それを編んで手提げを作っていました。素材にレジ袋を使うこともテープの作り方にしても初めて知る情報でした。その後、英語の手芸本に載っていた「プラーン」という素材がわからず、調べたところ、レジ袋、つまり英語で言うプラスティックバッグから自分で作るヤーン「プラスティックヤーン」のことだとわかりました。友人の作品はまさにこの素材を使っていたのでした。テープの作り方も2種類あることがわかり、今回は簡単な方法で作って編んでみました。素材の厚みが袋によって若干違いますのでテープ幅も違えて作りましたが、それほど気にしなくてもいいように思います。

1. プラスティックバッグを縦にきちんと折り、ずれないようにクリップなどでとめる
2. ボール紙などで作った 2.5cm 幅の型紙を当てて、カッターで切る
3.4. 切り出した輪の中にもう一つの輪をくぐらせ、ゴムとびのゴムを作る要領でつなぎ、長いテープを作る

プラーンの野菜かご

編み方▶74ページ

プラーンのエコバッグ

グラニースクエアのこと

なぜか懐かしい気分になるかぎ針編み
のグラニースクエア。多色づかいのモ
チーフをつなぎ合わせることで、
より複雑な印象になります。あま
りに身近すぎて、これまで編みたい
と思いませんでしたが、好きなDVD
の中にモチーフをはぎ合わせずに大き
く編んだグラニースクエアを見つけ、改めて
この魅力を知ることとなりました。こうした目
でDVDを観てみるといろいろな映画に出てきま
す。犬が入るバスケットに、ロッキングチェアの背も
たれに、ソファに、と色づかいも様々です。最近気づいた
のは高校時代に観て以来の「風と共に去りぬ」で、黒人のばあやが身につけて
いるショールです。いったいどのように編んだのかわからないくらい複雑な色
づかいです。短い余り糸を残さず使って編んだのかもしれません。
　このモチーフは、どうしても色の組み合わせ、それもできればたくさんの色
を使いたいと、考えているうちに挫折しそうになりますが、あまり考えすぎな
いことがコツなのかもしれません。ノルウェーのニットユニット、アルネ&カ
ルロスさんが話していた色合わせのコツはとても参考になります。まずA色で
1枚めの1段め、B色で1枚めの2段めと2枚めの1段め、C色で1枚めの3段
めと2枚めの2段め、3枚めの1段め……というように編んでいくのだそうで
す。これなら色づかいが破綻することも挫折することもなさそうですね。でも
最近気づいたのです。どんな色で編んでもそれなりに素敵に仕上がるのがこの
モチーフの魅力であり、それゆえに長きにわたって誰もが編んできたし、今後
も編み継がれていくのだろう、と。

グラニースクエアのブランケット

編み方 ▶76ページ

グラニースクエアのネックウォーマー

🧶 作り始める前に、作り目のこと

〈編んで作る作り目〉

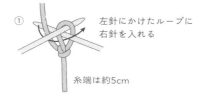

① 左針にかけたループに右針を入れる
糸端は約5cm

② 右針に糸をかけ、引き出す
矢印のように左針を差し込んでループを左針に取る

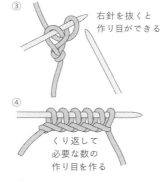

③ 右針を抜くと作り目ができる

④ くり返して必要な数の作り目を作る

〈かぎ針で作る作り目〉

① ループからかぎ針を入れて棒針にかけながら糸を引き抜く

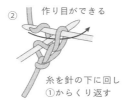

② 作り目ができる
糸を針の下に回し①からくり返す

③ （必要目数）−1目の作り目をしたら、かぎ針に残ったループを棒針に移す

棒編みで編み始めるときの作り目。一般的な作り目はでき上がりの寸法の約3倍の長さの糸を残して、これを針にかけて作るのですが、糸の長さが足りなかったり長すぎたりして、好きになれません。そこでおすすめなのが、〈編んで作る作り目〉と〈かぎ針で作る作り目〉です。この本で「作り目〇目」とあるときは、基本的には〈かぎ針で作る作り目〉です。よりおすすめの場合は、そちらを示してあります。その他の基本の編み方は77ページをごらんください。

簡単編み込みのリストウォーマー

《 写真 >> 6 ページ 》

材料............... ておりや オリジナルウールN 紺（35）：20g、水色（26）：15g、ボタン色（12）：10g
用具............... 3mm（3号）棒針、5号かぎ針
でき上がり寸法........ 長さ13cm、手首まわり17cm

編み方ポイント
- かぎ針編みで作る作り目42目
- 1目ゴム編みを6段編む
- 下の模様編み図に従って54段編み、伏せ止めにする
- Vマークの目は編まずに下の目をそのまま持ち上げる（すべり目）
- 中表にしてとじ合わせる
- ボタン色はガーター編みにする

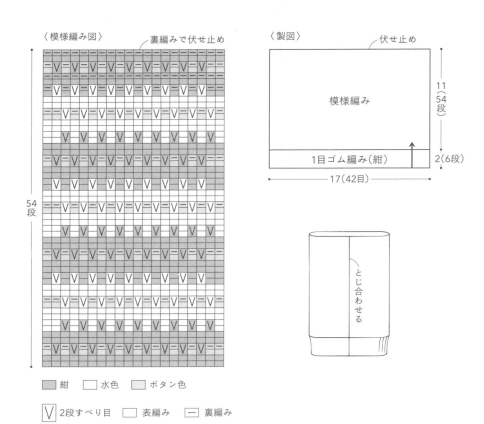

ビーズ編みのリストウォーマー

《 写真 >> 7ページ 》

材料	合細ウール糸：50g（約165m） ここではザリーナ（1969）を使用
	丸大ビーズ3mm 銀：28g
用具	2.25mm（1号）棒針、3号かぎ針
でき上がり寸法	長さ13cm、手首まわり16cm

編み方ポイント

- ビーズをあらかじめ毛糸に通しておく（8ページ参照）。ビーズ用の針がなければ、針金や銅線を2つ折りにしたものでも代用できる
- 編んで作る作り目37目
- 毎段、表編みをしてガーター編みにする。毎段、編み始めと編み終わりはねじり目にする
- 偶数段ではビーズは入れず、奇数段（裏面）でビーズを編み込む
- 105段まで編んだら中表にしてかぎ針で引き抜きはぎにする

記号の見方

□はガーター編みの1畝（2段分）を表す。⊟の意。•は⊡（●はビーズが入る）。奇数段でビーズを編み込む。ビーズは表面に出るので編んでいる面からは見えない。右針を目に差し込んだらビーズを針に寄せて編む

〈ビーズ編み図〉　Ω ねじり目

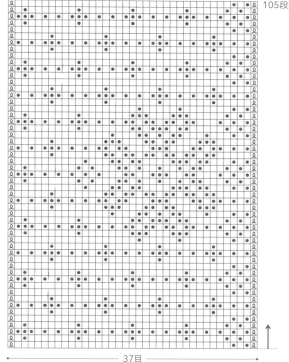

105段

37目

ドミノ編みいろいろ

《写真 >> 10 ページ》

材料	アンカー　タピセリーウール：1枚－1束 A：グリーン（9156）、ブルー（8634） B：ボタン色（8458）、黄土色（8020） C：赤茶（8242）、ペパーミントグリーン（9112） D：パープル（8592）、ライトブルー（8776）
用具	3.5mm（4号）棒針、5号かぎ針
でき上がり寸法	7×7cm（33目）

〈製図〉

編み方ポイント

- かぎ針で作る作り目33目、A～Dの柄は図の通り糸を替えるが編み方は同じ
- 1段め（裏面）：表編み32目、最後の1目は裏編み
- 2段め（表面）：すべり目、表編み14目（（作り目－5）÷2＝＊）、右上3目一度、表編み14目（（作り目－5）÷2＝＊）、1目裏編み
- 3段め：すべり目、表編み、最後の1目は裏編み
- 4段め以降の偶数段：すべり目、2段前の（＊－1）目表編み、右上3目一度、2段前の（＊－1）目表編み、1目裏編み
- 5段め以降の奇数段：すべり目、表編み、最後の1目は裏編み
- 最後の偶数段は右上3目一度を編んで編み終わり

◎ ドミノ編みの作り目は、モチーフの端をそのまま使う場合はかぎ針で作り目をするときれいな目になるが、すべての辺を編みつなぐ場合は棒針で編んで作る作り目にするといい

◎ 11ページのBのバリエーションは毎段中心で右上3目一度をくり返して編む

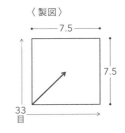

A

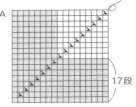

B

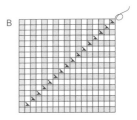

C

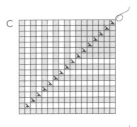

D

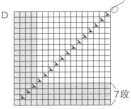

〈編み図〉

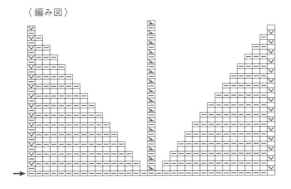

ドミノ編みのティーマット

《写真 >> 12 ページ》

材料	アンカー　タピセリーウール　グリーン（9156）：4束
	オレンジ（8156）：2束
	ピンク（8456）、白（8000）：各1束
用具	3.5mm（4号）棒針　5号かぎ針
でき上がり寸法	フェルティング前で 20 × 13.5cm

編み方ポイント
- かぎ針で作る作り目33目。各ピースは前ページのAの編み方で
- 1枚めを編んだら、かぎ針で作り目16目をして、1枚めの1辺から17目拾い目をして2枚めを編む
- 3枚めは2枚めと同様に作り目、拾い目をして編む
- 4枚めも同様に作り目拾い目をして、編み図の方向に編む
- 5枚めは4枚めと2枚めの端から拾い目をして編み、6枚めは5枚めと1枚めの端から拾い目をして編みつなぐ
- 好みで軽く洗濯機で洗ってフェルティングをする。今回は1度洗いで 19 × 13cm になりました

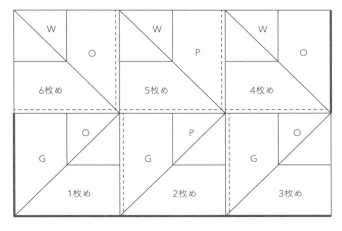

棒針ビーズ編みのパース

《 写真 >> 14 ページ 》

材料	ダルマ　スーピマクロッシェ　青（9）：10g
	ミユキ　デリカビーズ 10/0（DBM-41）：548個
	口金 SS15/S（5.6cm）：1個
	裏袋用木綿布：16 × 10cm
用具	2mm 棒針、2号かぎ針
でき上がり寸法	口幅 5.6cm × 縦 7.5cm

編み方ポイント
作り目18目、ビーズはあらかじめ糸に通しておく（8ページ参照）
● 編み図に従ってビーズを入れながら編む
● 1目にビーズを2個、3個、4個、5個とだんだん増やして台形にし、底まで編んだら、またビーズの数を減らして形を作る
● 編み目はビーズの長さと等しくなるように1目の糸の長さを調節する
● 裏袋は編み地サイズより少し大きめに作って口金の裏側に縫いつける
● 編み上がった編み地はあき止まりまでとじ合わせ、裏袋をつけた口金に表からとじつける

〈製図〉

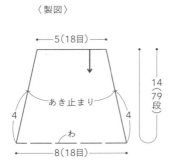

〈パースの作り方〉

①
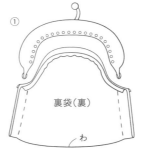

裏袋だけを口金の穴にとじつける

②
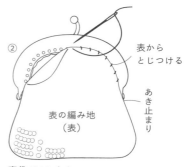

裏袋がついたら、
表からパース本体をとじつける

〈編み図〉

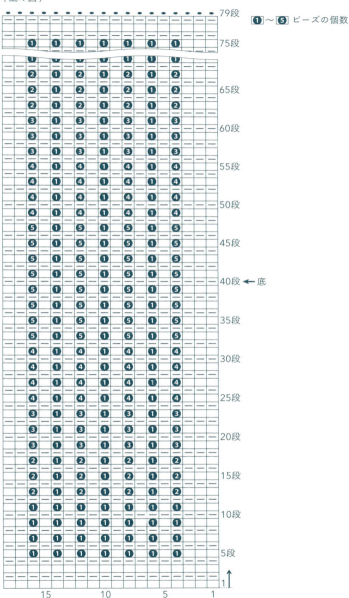

❶〜❺ ビーズの個数

この編み図は裏面から編む際の図
ビーズは裏面から編む際に寄せて編むと表面に入る
図は長方形だが、ビーズが入る分、横に広がり台形になる

棒針ビーズ編みのミニポーチ

《 写真 >> 15 ページ 》

材料	ダルマ　スーピマクロッシェ 赤（21）：10g
	ミユキ　デリカビーズ 10／0（DBM-673）：1121個
	裏袋用木綿布：20×13cm
用具	2mm棒針、2号かぎ針
でき上がり寸法	口幅 7cm × 縦 9cm

編み方ポイント

- 作り目26目、ビーズはあらかじめ糸に通しておく（8ページ参照）
- 編み図に従い、54ページのパースと同じように1目にビーズをだんだん増やして、底まで編んだら、また数を減らして形を作る
- 編み上がったら両端をとじ合わせ、ひも通しを編みつける
- 裏袋は編み地サイズより少し大きめに作り、表袋と袋合わせにして、袋口にまつりつける
- 62ページを参照して25cm長さのひもを2本編み、ひもを通し両端を結ぶ

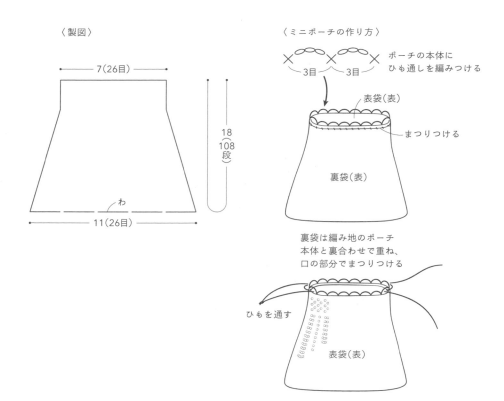

〈編み図〉

❶〜❺ ビーズの個数

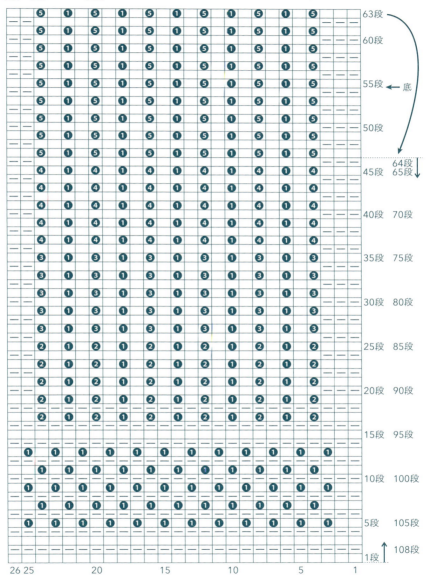

図は長方形だが、ビーズが入る分、横に広がり台形になる

編み物ポンポンのポットマット

《 写真 >> 16-17 ページ 》

材料 ……………… アンカー　タピセリーウール　お好きな色（1束で3個編める）
用具 ……………… 3mm（3号）棒針
でき上がり寸法 …… 直径約 2cm の球

手順
① 編んで作る作り目 10 目。糸端は 25cm くらい残しておく
② 7 段メリヤス編みをしたら 150cm くらい残して糸を切り、糸を小さく丸めておく
③ 作り目で残しておいた糸をとじ針に通し、作り目の間にくぐらせて引き締め、編み地の端をとじ合わせる
④ 7 段とじ合わせたら丸めておいた糸を詰め込み、編み針に残った目をとじ針に通し、糸を引き締めて球状にする
⑤ とじ針の糸はとじ針を玉の中に何度かくぐらせて糸を切る

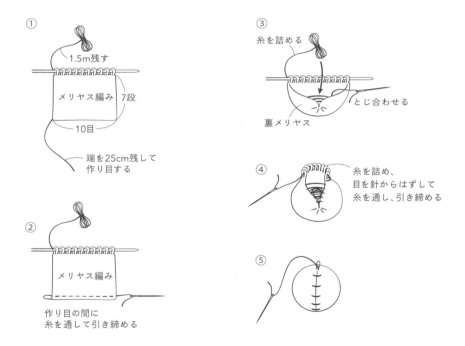

◎ 必要な個数を編んだら、ネットに入れて洗濯機で洗いフェルティングする
◎ ビーズのようにポンポンをつなげて、丸く形作り、糸でとめてマットにする（16 ページ参照）

コットンレースの小さなカーテン

《 写真 >> 18ページ 》

材料 ……………… パピー　コットンコナ　生成り（2）：80g
用具 ……………… 4号かぎ針
でき上がり寸法 …… 長さ85cm × 幅13cm

手順

①長さや幅は模様の増減で自由自在。編み図に従って好みの幅・長さで編む
　1段め：くさり9目（立ち上がり5目＋作り目4目）、長編み4目
　2段め：くさり5目、長編み4目、15段めまでこれをくり返す
　16段め：くさり5目、最初の外側の長編みは長く、内側に従って短く編む
　17段め：くさり2目、15段めのくさりに引き抜く、くさり2目、長編みの長さを内側を短く、外側を長く編む
　18・20段めは16段めと同様に、19段めは17段めと同様に編む
　21段めから：もとのように長編みの長さをそろえ、奇数段ではくさり2目に反対側のくさりを拾い細編み1目、くさり2目を編んでつなぎながら35段まで編む（これで1模様でき上がる）
　2模様めは、くさり12目（3目＋作り目4目＋立ち上がり5目）を編み、長編み4目、1模様めと同様に編む
②カーテン本体を編んだあと、上に縁をつける

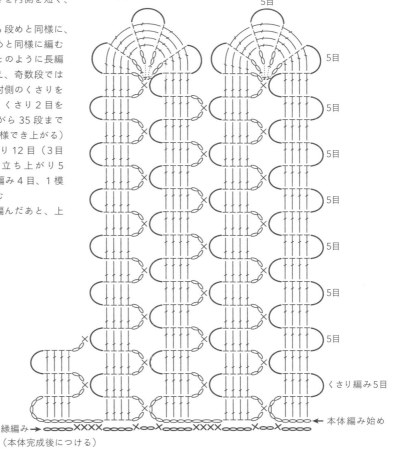

〈編み図〉

5目
5目
5目
5目
5目
5目
5目
5目
くさり編み5目
←本体編み始め
縁編み→
（本体完成後につける）

レーステープいろいろ

《写真 >> 20-21 ページ》

材料（それぞれ適宜）…… 21ページA　ておりや　オリジナルソフィアウール　グレー（19）
　　　　　　　　　　　A　オリムパス　エミーグランデ　白（801）
　　　　　　　　　　　B・C　オリムパス　エミーグランデ　水色（86）
　　　　　　　　　　　D　オリムパス　エミーグランデ〈カラーズ〉　グレー（484）
　　　　　　　　　　　E　オリムパス　エミーグランデ〈カラーズ〉　オレンジ（555）
　　　　　　　　　20ページF　オリムパス　エミーグランデ　白（801）

用具 …………… 2号レース針（1.5ミリ）

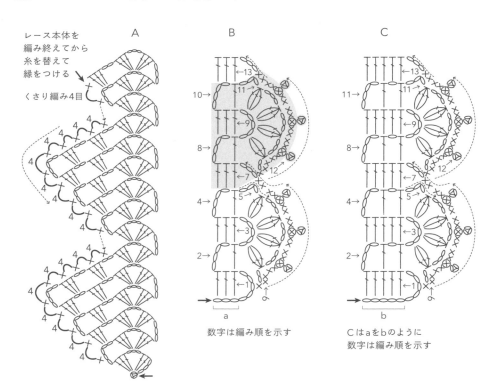

の編み方（長編み3目一度）

D 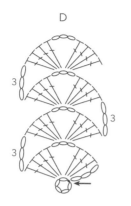 E 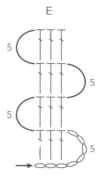 F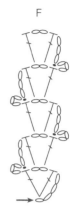

靴ひも

《 写真 >> 22-23 ページ 》

材料 …………… 22 ページ　ハマナカ　コロポックル〈マルチカラー〉(105)：20g (1.8m × 2本)
　　　　　　　　23 ページ　ハマナカ　エトランゼ (1〔写真右〕)(9〔写真左〕)：各 5g
　　　　　　　　(110cm × 1本、左右で2本編む)
用具 …………… 2.25mm (1号) 棒針 (ダブルポイント／両端が尖ったタイプ)

手順
①編んで作る作り目で、コロポックルは4目、エトランゼは3目。どちらも以下、編み方は同じコード編みで
②表編みで1段編んだら針の右端に目を寄せ、左端にある編み糸を少し引きながら右に持ってきて表編みにする
③これをくり返して、らせん状に必要な長さまで編む。最後は編み目に糸を通して引き締め、ひもの中に通して糸を切る

手で編むひも

《 写真 >> 24-25 ページ 》

材料はひも状のものなら、何でも。毛糸でもプラーン（40ページ）でも編めます。大切なものを結ぶのに、ストラップやアクセサリーに、自分で作ったひもなら格別です。ここでは、おもなものを三つご紹介しましょう

〈A：24ページ〉

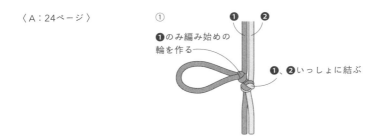

① ❶のみ編み始めの輪を作る
❶、❷いっしょに結ぶ

② 左手で持った❶の輪をくぐらせて右手で❷を引き抜く

③ ❷を指にかけて結び目を親指と中指でしっかりはさみ、❶を引く

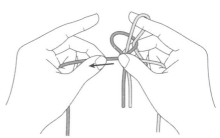

④ ②③を左右逆に行う。結び目をしっかり持ち糸をきちんと引くのがコツ。

⑤ 以上をくり返す

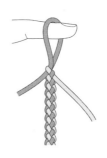

〈B：25ページ左〉
5本のひもを用いてカラフルな三つ編みのように編み上げるひも

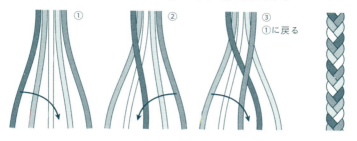

〈C：24ページ〉
ひもの中にハート柄が入る編み方。左右対称に糸を動かすが、いつも右が上に来る

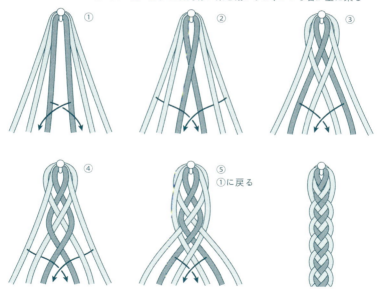

※〈D：25ページ右〉の編み方は75ページ参照

編み地のタオルとクロス

《 写真 >> 26-27 ページ 》

材料 …………… 26ページのタオル（でき上がり寸法Dは 22.5 × 22.5cm、それ以外は 22 × 22cm）
　　　　　　　　　ておりや　コットンキャンディ
　　　　　　　　　A　ライトブルー（27）：25g
　　　　　　　　　B　生成り（30）：27g
　　　　　　　　　C　ライトグリーン（03）：25g
　　　　　　　　　D　ブルー（25）：25g
　　　　　　　　　27ページのクロス（でき上がり寸法 14.5 × 14.5cm）
　　　　　　　　　ておりやコットンキャンディ　生成り（30）：13g
用具 …………… 2.5mm（2号）棒針、4号かぎ針

編み方ポイント
- かぎ針で編む作り目をそれぞれ図に従い作る
- 編み始めの目は、毎段表編みをするようにすべり目にする（1段めはふつうに編む）
- 最後の目は、毎段裏編みにする
- 編み終わりは、編み模様に合わせて伏せ止めにする

☐ 表編み　　☑ すべり目　　― 裏編み　　● 引きぬき編み

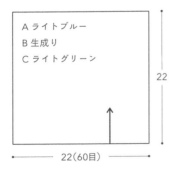

〈タオル A・B・C 製図〉

〈それぞれの編み地の編み図〉

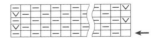

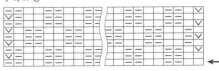

〈タオルD 製図〉

伏せ止め

1.5(7段)
1.5(7段)
1.5(4目)
19.5(82段)
1.5(7段)
22.5(62目)

〈Dの編み図〉
2目鹿の子編みの編み地の周囲をガーター編みにします

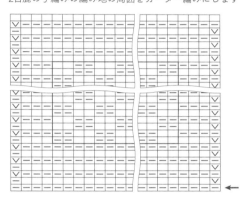

〈クロスの製図〉

2目
4段
くさり編み
14.5
14.5(40目)

〈クロスの編み図〉

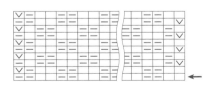

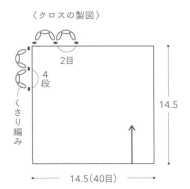

フェルティングマフラー

《写真 >> 30ページ》

材料	ておりや　オリジナルウール（中細くらいの太さ）ブルー（108）：20g ウールマフラー ビー玉：適宜
用具	3.6mm（5号）棒針、3号かぎ針
でき上がり寸法	幅14cm × 長さ約1m（マフラー部分を入れて）

作り方ポイント

●編んでフェルティングさせた編み地をつけ、手持ちのマフラーをリメイクする
①メリヤス編みで編み地を作る
②編み地を伸ばしながらビー玉を包み、糸でしっかり縛る（28ページ下図参照）
③好みの縮み具合になるまで洗濯機で2〜3回洗ってフェルティングさせ、乾いてから糸をほどく
④ウールマフラーも洗って縮め、③の編み地の幅に合わせてカットする
⑤ウールマフラーの周囲に編み地と同じ糸で縁編みをする
⑥フェルティングした編み地をマフラーの縁編みにとじつける。好みでウールマフラーにランニングステッチを加える

〈製図〉

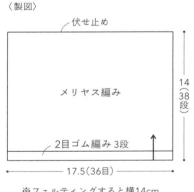

※フェルティングすると横14cm、縦10cm程度になります。

〈縁編み〉

〈ビー玉のしぼり方〉

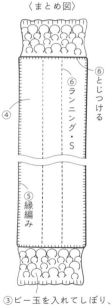

フェルティングバッグ

《 写真 >> 31 ページ》

材料	着なくなったセーターなど、手持ちのウール編み地 （フェルティング前）：24.5 × 30.5cm を 2 枚 刺しゅう部分：アンカー　タピセリーウール：各適宜 W：白（8000）、P：ピンク（8456）、Y：イエロー（8096）、O：オレンジ（8156）、 G：グリーン（9156）、V：バイオレット（8592） 4cm 幅リボン：50cm 革の持ち手：幅 1.5cm × 長さ 35cm、スナップボタン：1 セット
用具	ウール刺しゅう用の針
でき上がり寸法	25cm × 19cm（バッグ部分）

編み方ポイント
- 編み地に刺しゅうをし、2 枚とも洗濯機で洗ってフェルティングする（このバッグは 2 回洗い）
- フェルティングした編み地を図のように縫い合わせて仕立てる。フェルティングしているので、端の始末はしなくて OK

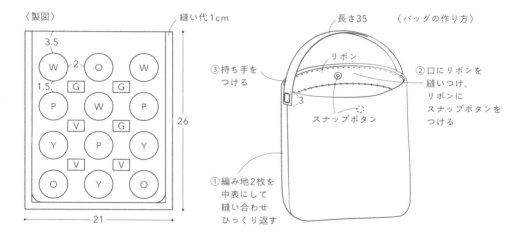

3目×3段

〈四角形の刺しゅう〉

〈丸の刺しゅう〉

〈メリヤス刺しゅうの刺し方〉

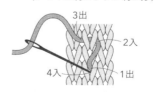

目の下から糸を出し、
編み目にそって
上の段の目の下をすくって
元の位置に刺す

ペットボトルカバー

《 写真 >> 32 ページ 》

材料 ················ オカダヤ　scene　アイビー（2）：25g
　　　　　　　　　オカダヤ　nicol　生成り（1）：15g
用具 ················ 5号かぎ針
でき上がり寸法 ······ 底直径 7.5cm、高さ 19cm

編み方ポイント
〈底〉
図のように、段染め糸で糸輪の中に 7 目細編み、2 段め以降は毎段 7 目増し目をして 49 目になるまで 7 段編む
〈本体〉
● 底の細編み頭のループの外側の目を拾って、編み図のように 5 目ごとに色を替えながら 50 目細編みにする
● 2 段め以降はすじ編みにして、編み図のように 3 段ごとに色を替えて 33 段まで編む
● 下図のようにひも通しを作る
〈ひも〉
段染めと生成り糸で 62 ページの図を参照に 30cm 長さを 2 本編み（1 本編むのに 150cm 程度必要）、それぞれひも通しに通して結ぶ

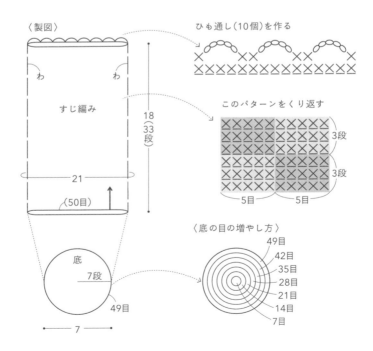

ポケットティッシュケース

《 写真 >> 33 ページ 》

材料 ……………	オカダヤ　scene　アイビー（2）：12g
	オカダヤ　nicol　生成り（1）：12g
用具 ……………	4号かぎ針
でき上がり寸法 ……	約9cm × 約11cm

手順

① 段染め糸で60目の作り目をしたら、ペットボトルカバーと同じように、5目×3段ごとに色を替えてすじ編みにする

② 編み図に従って9段めまで輪に編み、30目くさりを生成りで編んで入れ口の作り目をする。10段めは9段めの細編み30目を残し、31目めから拾って30目編む。11段め以降は市松模様を作りながら再び輪に編み、19段めで編み終わる。上辺、下辺をとじ合わせる

③ 入れ口の上側に生成りで縁編みをつける

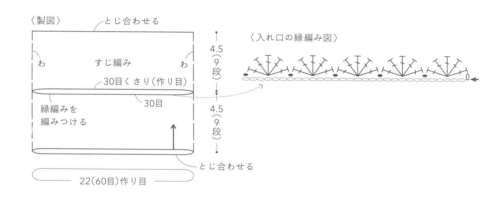

ポンポンテープのバスケット

《 写真 >> 34 ページ 》

材料	生成り並太毛糸：約 30g
	レース糸（オリンパス　エミーグランデ）：適宜
	20mm 幅ボール紙（ポンポンの長さ＋ 10cm）
	バスケット
用具	0 号かぎ針

作り方ポイント（36-37 ページ参照）
① 2 本どりで毛糸をボール紙に 3 〜 4 回巻く（下図は 4 回巻き）ごとにくさり編みで束ねる
② 必要な長さまでできたらバスケットの口に取りつける。つけたままにするならば直接縫いつけるか接着剤でつければいいが、取りはずしたい場合はバスケットの口に糸を渡し、そこにまつりつける
③ 最後に毛糸のわの部分をカットしてボール紙をはずし、ふっくらするように整える

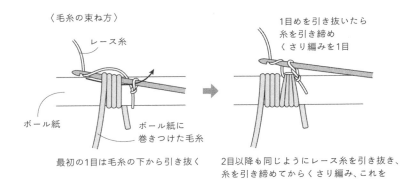

ポンポンテープのラリエット

《 写真 >> 35 ページ 》

材料	ておりや　オリジナルモークウール　赤（22）：25g
	ピンク（21）：20g
	レース糸（オリンパス　エミーグランデ）：適宜
	15mm 幅ボール紙（ポンポンの長さ＋ 10cm）
用具	0 号かぎ針

作り方ポイント（36-37ページ参照）

① 2本どりで毛糸をボール紙に 4 回巻くごとにくさり編みで束ね（前ページ参照）、50cm くらいの長さのテープを作る。「赤だけ」と「赤＋ピンク」を1本ずつ作る
② 2本のポンポンテープのレース糸でまとめた部分をとじ合わせる
③ 赤い毛糸でひも（61ページの靴ひもと同じコード編みで）を 1m 作る。ポンポンテープをとじ合わせたところに両端を均等に残してコード編みのひもをとじつける
④ 束ねた毛糸のわの部分をカットしてボール紙をはずし、ふっくらするように整える
⑤ コードの両端に直径 4cm くらいのピンクのポンポンをつける

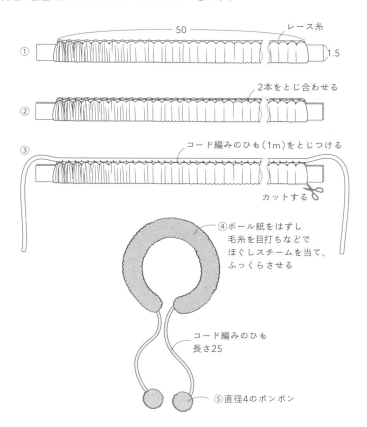

七宝編みストール

《 写真 >> 38-39 ページ 》

◎七宝編みは細編みの応用。大きなループの細編みにその裏山をとった細編みを続けて編みます。2段め以降は1段めの細編みを拾いながら編み進めると独特の七宝模様になります。くさり編みのループは1cm強ふくらませ、この長さが一定になるように気をつけて編むのがコツ

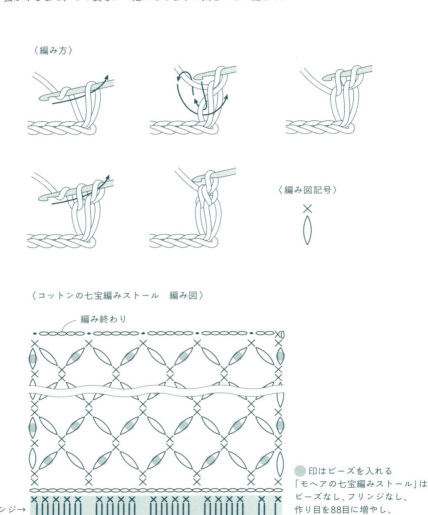

〈編み方〉

〈編み図記号〉

〈コットンの七宝編みストール 編み図〉

編み終わり

フリンジ→

くさり10目×18本

● 印はビーズを入れる
「モヘアの七宝編みストール」はビーズなし、フリンジなし、作り目を88目に増やし、同じように編む

モヘアの七宝編みストール

材料 …………… オステルヨートランド
　　　　　　　〈ペルス〉オリーブ：100g（約600m）
用具 …………… 3号かぎ針
でき上がり寸法 …… 幅約25cm × 長さは糸の編み切り

編み方ポイント
● 作り目88目
● ビーズ入りと同じように編むが、ビーズなし、フリンジなしで

コットンの七宝編みストール

材料 …………… ハマナカ　アプリコ　リーフグリーン（14）：1玉（25g）
　　　　　　　特大4mmビーズ赤：39g（660個）
用具 …………… 3号かぎ針
でき上がり寸法 …… 幅8cm × 長さ約120cm

編み方ポイント
● 作り目28目
● 編み図のように1目おきにビーズを入れながら編む
● 両端に適宜目を拾ってフリンジをつける

〈製図〉

七宝編み

8(28目)　夏のマフラー
25(88目)　冬のマフラー

※作り目＝6の倍数＋4目

プラーンの野菜かご

《 写真 >> 42 ページ 》

材料 ……………	プラスティックバッグ（レジ袋）：適宜
	2mm径くらいの麻ひも（黄麻）：適宜
用具 ……………	7mmジャンボかぎ針
でき上がり寸法 ……	底直径約25cm × 高さ約9cm

編み方ポイント
- 40ページを参照してプラーンを作ったら、底は80目になるまで毎段増し目をしながら細編みで丸く編み、その後は13段めの目数のまま8段編む
- 持ち手は、麻ひもとプラーンの2本どりでくさり編み+引き抜き編みをして、かご本体に編みつける

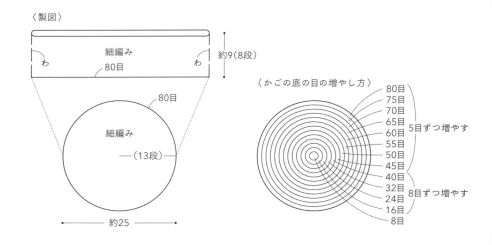

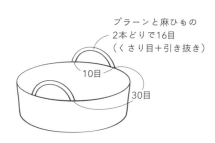

プラーンのエコバッグ

《 写真 >> 43 ページ 》

材料	プラスティックバッグ（レジ袋）：適宜
	4mm 径くらいの麻ひも（黄麻）：適宜
用具	7mm ジャンボかぎ針
でき上がり寸法	幅約 25cm × 高さ約 30cm

編み方ポイント
- 作り目 50 目
- すじ編みで高さ約 30cm になるまで輪に編む
- 最後の段は引き抜き編みをして仕上げ、底をはぐ
- 持ち手はプラーン 2 本、麻ひも 3 本で 5 つ編みにして本体にとじつける

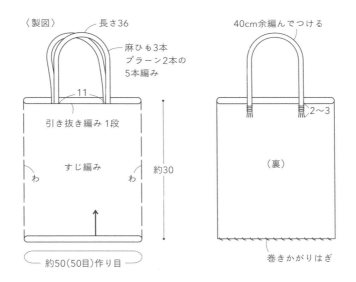

〈5つ編みのひもの編み方〉

道具は使わず、手で編んでいきます

常に糸の動きは同じ

グラニースクエアのネックウォーマー

《写真 >> 48 ページ》

材料 ·················	ておりや オリジナルウール ブルー（109）、生成り（002）：各15g イエロー（332）、ピンク（424）、グリーン（318）：各少々
用具 ·················	4号かぎ針
でき上がり寸法 ·····	幅16cm × 長さ48cm

編み方ポイント
- 基本のグラニースクエアはくさり8目を輪にして編み図に従って編む
- 図のようにつなぎ合わせ、編みボタンとループをつける

B：ブルー（109）　W：生成り（002）　Y：イエロー（332）　P：ピンク（424）　G：グリーン（318）

◎46-47ページのブランケットは基本のグラニースクエアをどんどん編み広げたもの。
好きな糸で自由な大きさに編める

〈グラニースクエアの編み図〉

〈配色図とつなぎ方〉

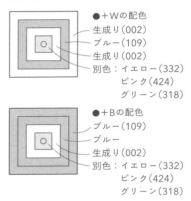

ループのつくモチーフは、
縁編みではなくループを作る

ボタンは糸輪の中に5目編み入れて
糸を引き、10目に増し目、もう1段
10目で編み、5目に減らし目をし
て、糸を10cmくらい残して切る。残
り糸または綿を詰め、細編みのくさ
り目に糸をくぐらせて引き締める

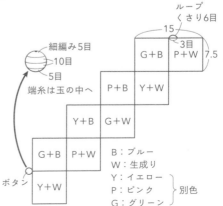

初めての人のための編み物の基礎

::: 棒編み篇 :::

□ = □ 表編み

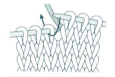
右針を手前から奥に入れる

針に糸を掛け、
目の間から糸を引き出す

左針を抜く

□ 裏編み

糸は手前に。
右針を奥から手前に入れる

糸をかけ、
向こうに引き出す

左針を抜く

∨ すべり目

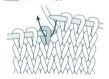
右針を奥から
手前に入れる

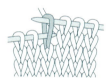
左針から右針に
そのまま目を移す

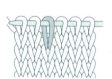
すべり目しない目は
ふつうに編み進める

⋊ 右上2目一度（目数を1目減らす方法）

矢印のように針を
差し込み右針に
目を移す（すべり目）

ふつうに表編みを1目

今編んだ目に
すべり目をかぶせる

2目だったところが
1目になる

初めての人の、編み方テクニック

左上2目一度（目数を1目減らす方法）

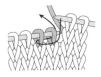
2目分を一緒に
左から右針を入れる

2目を一緒の
表編み

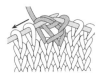
左針を抜く

2目だったところが
1目になる

右上3目一度（目数を2目減らす方法）

1目矢印のように
すべり目

2目一緒に
針を差し込み、
表編みする

2目一度に編んだ目に
すべり目をかぶせる

3目が2目減って
1目になる

伏せ止め

はじめに
2目表編みにして、
最初の目をかぶせる

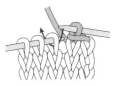
次の目を表編みしたら
前の目をかぶせる

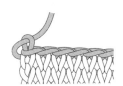
最後の目に糸端を通す

かぎ針編み篇

○ くさり編み

編み出し目

✕ 細（こま）編み

下のくさり目に針を差し込んで糸を引き出し、
次に針先に糸を掛け矢印のように糸を引き抜く

T 長編み

糸を針に掛け、下のくさり目に針を差し込んで糸を引き出したら、
針に糸を掛け矢印のように2本ずつ2回引き抜く

✕ すじ編み

前段の目（くさりになっている部分）の
奥の1本だけを拾って細編みする

● 引き抜き編み

前段の目（くさりになっている部分）から
糸を引き出し、いっきに引き抜く

⊗ 変わりピコット編み

細編みの足に針を差し込んで糸を引き出した後、針に糸を掛け、
細編みの要領で掛かった目をいっきに引き抜く

林 ことみ（はやし・ことみ）

編み物、刺繡、ソーイングなど手仕事にまつわる楽しい読み物でおなじみの手芸ジャーナリスト。とくに北欧や東欧の編み物を取材し、わかりやすく提案したシリーズは好評。本書は「編んだらおしまい」ではなく、「週末編んで、月曜日から使う」編み物をめざし、さまざまなアイデアに挑戦しました。著書に『おしゃべりKnit』『手編み靴下研究所』（グラフィック社）、『刺し子ノート』（筑摩書房）、『暮しの手芸教室』（暮しの手帖社）、『北欧ワンダーニット』『ニットであったか冬じたく』『編み地を楽しむリストウォーマー』（文化出版局）などがある。手芸書の翻訳本も多数。

デザイン	小荒井良子（ミスター・ユニバース）
アートディレクション	関 宙明（ミスター・ユニバース）
写 真	松本のり子
製 図	株式会社ウエイド　手芸制作部（原田鎭郎）
材料協力	オリムパス製絲株式会社　www.olympus-thread.com/
	金亀糸業株式会社　www.kinkame.co.jp/
	ておりや　www.teoriya.net/
	ハマナカ株式会社　www.hamanaka.co.jp/
	株式会社MIYUKI　www.miyuki-beads.co.jp/

週末編み物計画
（しゅうまつあみものけいかく）

2015年11月15日　初版第1刷発行

著　　者	林ことみ
発行者	山野浩一
発行所	株式会社筑摩書房
	〒111-8755　東京都台東区蔵前2-5-3
	振替　00160-8-4123
印刷・製本	凸版印刷株式会社

乱丁・落丁本はお手数ですが下記にご送付ください。送料小社負担でお取り替えいたします。ご注文、お問い合わせも下記にお願いします。
〒331-8507　さいたま市北区櫛引町2-604
筑摩書房サービスセンター　電話 048-651-0053

©Kotomi HAYASHI 2015 Printed in Japan
49、60、62、63、72、75、77～79ページの編み方図：©株式会社ウエイド
ISBN978-4-480-87886-1 C0077

本書をコピー、スキャニング等の方法により無許諾で複製することは、法令に規定された場合を除いて禁止されています。請負業者等の第三者によるデジタル化は一切認められていませんので、ご注意ください。